school - sikolwa	2
travel - kuhamba	5
transport - kwetfutsa	8
city - lidolobha lelikhulu	10
landscape - libala	14
restaurant - sitolo sekudla	17
supermarket - isuphamakethe	20
drinks - tinatfo	22
food - kudla	23
farm - lipulazi	27
house - indlu	31
living room - indzawo yamabonakudze	33
kitchen - likhishi	35
bathroom - likamelo lekugezela	38
child's room - likamelo lemntfwana	42
clothing - timphahla tekugcoka	44
office - lihhovisi	49
economy - umnotfo	51
occupations - tikhundla	53
tools - emathulusi	56
musical instruments - insimbi yemculo	57
zoo - i-zoo	59
sports - temidlalo	62
activities - imisebenti	63
family - umndeni	67
body - umtimba	68
hospital - sibhedlela	72
emergency - simo lesiphutfumako	76
Earth - Umhlaba	77
clock - liwashi	79
week - liviki	80
year - umnyaka	81
shapes - kubumbeka kwetintfo	83
colours - imibala	84
opposites - lokwehlukile	85
numbers - tinombolo	88
languages - tilwimi	90
who / what / how - ngubani / ini / njani	91
where - kuphi	92

Impressum
Verlag: BABADADA GmbH, Nedderfeld 112 , 22529 Hamburg
Geschäftsführer / Verlagsleitung: Harald Hof
Druck: Books on Demand GmbH, In de Tarpen 42, 22848 Norderstedt

Imprint
Publisher: BABADADA GmbH, Nedderfeld 112 , 22529 Hamburg, Germany
Managing Director / Publishing direction: Harald Hof
Print: Books on Demand GmbH, In de Tarpen 42, 22848 Norderstedt

school
sikolwa

- divide — hlukanisa
- board — libhodi
- classroom — likilasi
- school yard — ligceke lesikolwa
- teacher — thishela
- paper — liphepha
- pen — ipeni
- desk — lideski
- write — bhala
- ruler — i-ruler
- book — incwadzi
- pupil — umuntfu

satchel
sikhwama setincwadzi tesikolwa

pencil case
sikhwanyana semapenisela

pencil
ipenisela

pencil sharpener
umshini wekulolo ipenisela

rubber
i-rubber

drawing pad
intfo yekudvweba

drawing
umdvwebo

paintbrush
libhulashi lekupenda

paint box
libhokisi lekupenda

scissors
tikelo

glue
i-glue

exercise book
incwadzi yekutadisha

homework
umsebenti wasekhaya

number
inombolo

add
hlanganisa

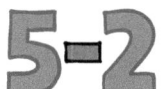
subtract
susa

multiply
phindzaphidza

calculate
bala

letter
incwadzi

alphabet
feleba

word
ligama

school - sikolwa

text	read	chalk
umbhalo	fundza	ishogo
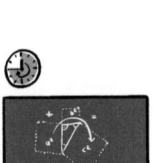	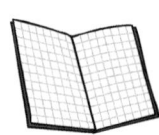	
lesson	register	exam
sifundvo	i-register	sivivinyo sekugcina

certificate	school uniform	education
sitifiketi	timphahla tesikolwa	imfundvo

encyclopedia	university	microscope
i-ensaklopheda	inyuvesi	sipopolo
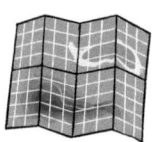		
map	waste-paper basket	
libalave	libhakede lekulahla emaphepha	

school - sikolwa

travel
kuhamba

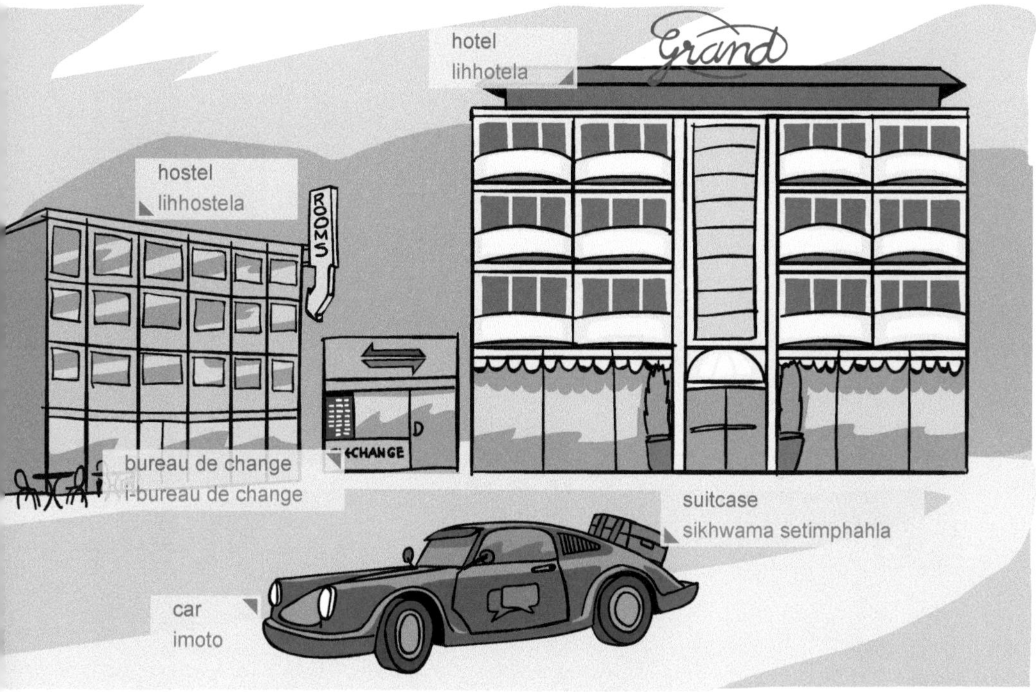

- hotel — lihhotela
- hostel — lihhostela
- bureau de change — i-bureau de change
- suitcase — sikhwama setimphahla
- car — imoto

language

lulwimi

yes / no

yebo / cha

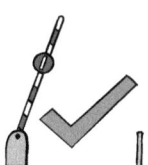

Okay

Kulungile

hello

sawubona

translator

umhumushi

Thank you

Siyabonga

travel - kuhamba

how much is…? ingumalini i….?	I do not understand angivisisi kahle	problem inkinga

Good evening! Lishonile!	Good morning! Kusile!	Good night! Ulale kahle!

bye bye sala kahle	direction sicondziso	luggage umtfwalo

bag sikhwama	backpack sikhwama lesigacwako	guest sivakashi

room likamelo	sleeping bag sikhwama sekulala	tent lithende

travel - kuhamba

tourist information
imininingwane yetivakashi

beach
ibhishi

credit card
likhadi lemali

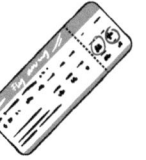
breakfast
kudla kwasekuseni

lunch
kudla kwasemini

dinner
kudla kwantsambama

ticket
lithikithi

lift
i-lift

stamp
sitembu

border
umcele

customs
emakhasimende

embassy
i-embasi

visa
i-visa

passport
ipasipoti

travel - kuhamba

transport
kwetfutsa

- aeroplane — indizamshini
- ship — umkhumbi
- fire engine — sicimamlilo
- truck — iloli
- bus — ibhasi
- motorboat — dududu semantini
- car — imoto
- bike — libhayisikili

ferry
i-ferry

boat
sikebhe

motorbike
sidududu

police car
imoto yemaphoyisa

racing car
imoto yemjaho

rental car
imoto yekucashisa

car sharing

kubolekana imoto

breakdown truck

i-breadown

refuse truck

iloli yetibi

motor

imoto

fuel

phethiloli

petrol station

ligalaji laphethiloli

traffic sign

luphawu lwemgwaco

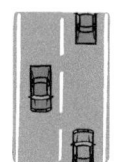

traffic

incumbi yetimoto

traffic jam

incumbi yetimoto letime emngwacweni

car park

ipaki yemoto

train station

siteshi sesitimela

tracks

imizila

train

sitimela

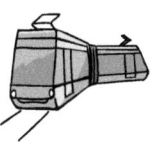

tram

i-tram

carriage

inkalishi

transport - kwetfutsa

helicopter
indiza lenaphephela emhlane

airport
sikhungo setindiza

tower
imoto yekudvonsa letibhajiwe

passenger
bagibeli

container
intfo yekutfwala

carton
likhathoni

cart
i-cart

basket
bhasikidi

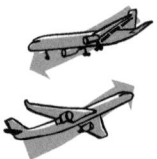
take off / land
kusuka / kwehla

city
lidolobha lelikhulu

village
umuti

city centre
ekhatsi nelidolobha

house
indlu

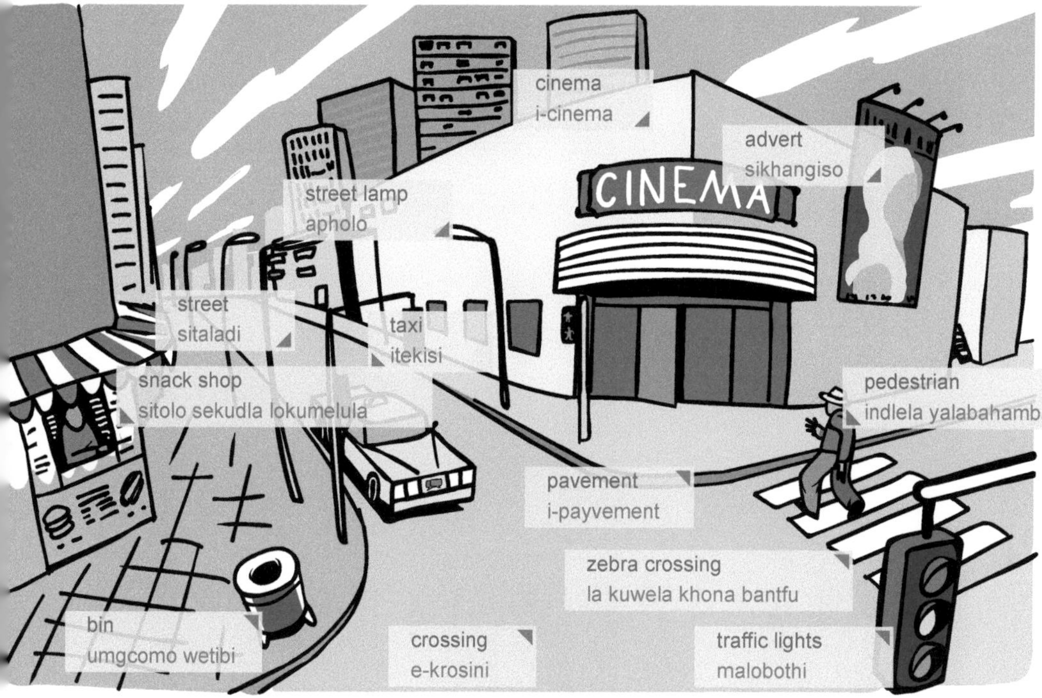

cinema
i-cinema

advert
sikhangiso

street lamp
apholo

street
sitaladi

taxi
itekisi

snack shop
sitolo sekudla lokumelula

pedestrian
indlela yalabahamba

pavement
i-payvement

zebra crossing
la kuwela khona bantfu

bin
umgcomo wetibi

crossing
e-krosini

traffic lights
malobothi

hut
gucasthandaze

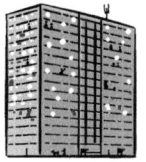

flat
lifulethi

train station
siteshi sesitimela

town hall
lihholwa lasedolobheni

museum
imnyusiyamu

school
sikolwa

city - lidolobha lelikhulu

university
inyuvesi

bank
libhange

hospital
sibhedlela

hotel
lihhotela

pharmacy
ikhemisi

office
lihhovisi

book shop
sitolo setincwadzi

shop
sitolo

florist's
lotsengisa timbali

supermarket
isuphamakethe

market
imakethe

department store
litiko letitolo

fishmonger's
batsengisi betimfishi

shopping centre
luchungechuge lwetitolo

harbour
sikhungo

city - lidolobha lelikhulu

park
lipaki

bench
libhentji

bridge
libhuloho

stairs
titezi

underground
ngephansi kwemhlaba

tunnel
umhume

bus stop
siteshi sebhasi

bar
sitolo setjwala

restaurant
sitolo sekudla

postbox
libhokisi leliposi

street sign
luphawu lwemgwaco

parking meter
umshini lobala sikhatsi sekupaka

zoo
i-zoo

swimming pool
i-swimming pool

mosque
lisontfo lemasulumane

city - lidolobha lelikhulu

farm
lipulazi

pollution
kugcolisa umoya

graveyard
emathuna

church
lisontfo

playground
inkhundla yetemidlalo

temple
lithempeli

landscape
libala

leaf — licembe
signpost — luphawu lwemgwaco
way — indlela
meadow — umshiya
stone — litje
tree — sihlahla
hiker — lohamba indlela lendze ngetinyawo
river — umfula
grass — tjani
flower — imbali

valley
sihosha

hill
ligcuma

lake
lidanyana

forest
lihlatsi

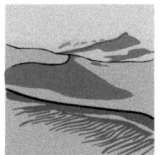
desert
lihlane

volcano
intsabamlilo

castle
umhlambi wetinkhomo

rainbow
umushi wenkhosatane

mushroom
likhowa

palm tree
sihlahla semphayini

mosquito
imbuzulwane

fly
kundiza

ant
intfutfwane

bee
inyosi

spider
sayobi

landscape - libala

beetle
inkhubabulongo

frog
sicoco

squirrel
chakijane

hedgehog
ingungumbane

hare
lolunye luhlobo lwalogwaja

owl
sikhova

bird
inyoni

swan
i-swan

boar
ingulube yesiganga

deer
inyamatane

moose
i-moose

dam
lidamu

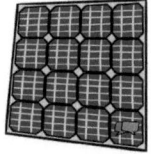

wind turbine
i-wind turbine

solar panel
i-solar panel

climate
simo selitulu

landscape - libala

restaurant
sitolo sekudla

- waiter — waiter
- menu — luhla lwekudla
- chair — situlo
- soup — lisobho
- pizza — i-pizza
- cutlery — tipuni imimese netimfologo
- tablecloth — indvwangu yelitafula

starter
kudla lokusicalo

main course
kudla locinile

dessert
idizethi

drinks
tinatfo

food
kudla

bottle
libhodlela

restaurant - sitolo sekudla   17

fast food
kudla lokusheshako

street food
kudla kwasemngwacweni

teapot
ligedlela lelitiye

sugar bowl
indishi yashukela

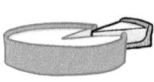
portion
incenye

espresso machine
umshini we-espresso

high chair
situlo lesiphakeme

bill
ibhili

tray
li-tray

knife
umukhwa

fork
imfologo

spoon
sipuni

teaspoon
sipuni lesincane

serviette
ithishu yetandla

glass
ligilasi

restaurant - sitolo sekudla

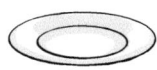

plate
lipuleti

soup plate
lipuleti lelisobho

saucer
lipringi

sauce
i-sauce

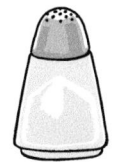

salt pot
libhodvo lasawoti

pepper mill
i-pepper mill

vinegar
niniga

oil
emafutsa awoyela

spices
tipayisi

ketchup
i-ketchup

mustard
i-mustard

mayonnaise
mayonasi

restaurant - sitolo sekudla

supermarket
isuphamakethe

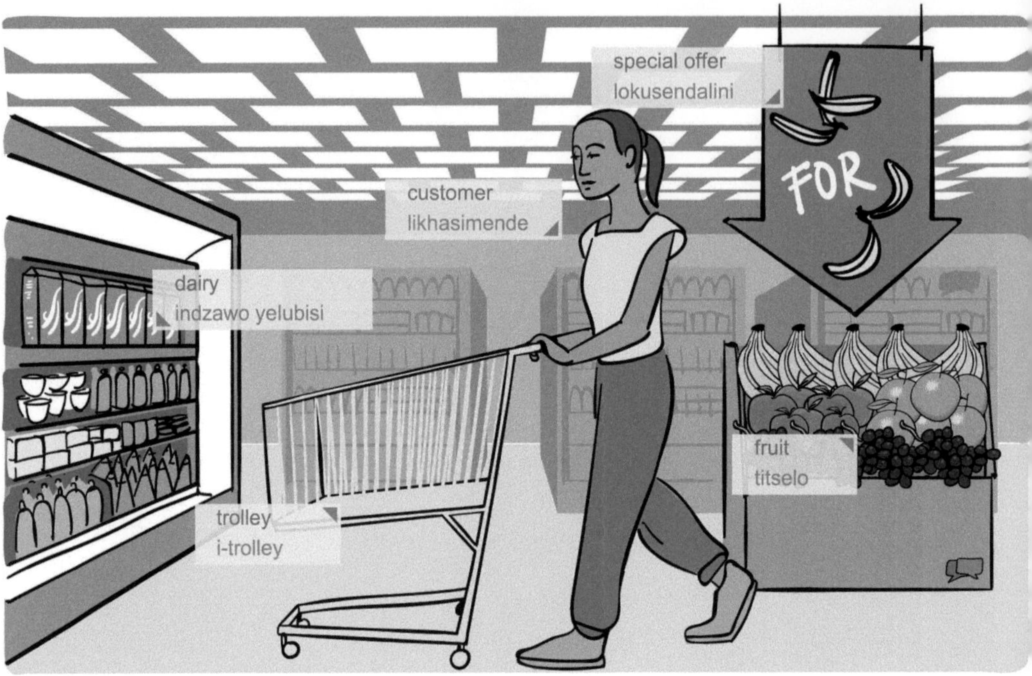

special offer
lokusendalini
FOR
customer
likhasimende
dairy
indzawo yelubisi
fruit
titselo
trolley
i-trolley

BUTCHERS

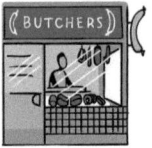

butcher´s

ibhushari

BAKERY

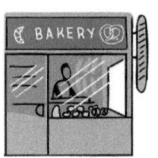

baker´s

i-baker

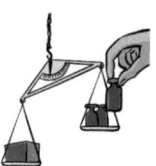

weigh

kala

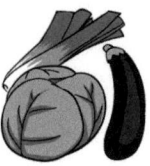

vegetables

tibhidvo

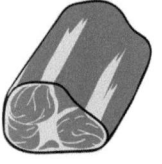

meat

inyama

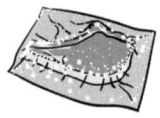

frozen food

kudla lokucandzisiwe

cold meat
inyama lebandzako

tinned food
kudla likusemathinini

washing powder
insipho yekuwasha

sweets
emaswidi

household products
tintfo tasekhaya

cleaning products
imitsi yekukolobha

salesperson
umuntfu lotsengisako

till
endzaweni yekubhadala

cashier
umtsengisi

shopping list
luhla lwetintfo tekutsengwa

opening hours
ema-awa ekuvula

wallet
sipatji

credit card
likhadi lemali

bag
sikhwama

plastic bag
sikhwama seshekhasi

supermarket - isuphamakethe

drinks
tinatfo

water
emanti

juice
ijuzi

milk
lubisi

coke
ikhokhi

wine
liwani

beer
ibhiya

alcohol
tjwala

cocoa
ikhokho

tea
litiye

coffee
likhofi

espresso
i-espresso

cappuccino
i-cappuccino

food
kudla

banana
bhanana

apple
lihhabhula

orange
liwolintji

melon
melon

lemon
ilemoni

carrot
emavondlela

garlic
galiki

bamboo
i-bamboo

onion
anyanisi

mushroom
emakhowa

nuts
emantongomane

noodles
ema-noodles

food - kudla

spaghetti

sipageti

rice

lilayisi

salad

isaladi

chips

emashibusi

fried potatoes

emazambane lafrayiwe

pizza

i-pizza

hamburger

i-burger

sandwich

isengwishi

cutlet

inyama lefulawe netimvitsi tesinkhwa

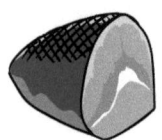

ham

i-ham

salami

isalami

sausage

livosi

chicken

inyama yenkhukhu

roast

lokufrayiwe

fish

imfishi

food - kudla

porridge oats

i-oats

muesli

imusili

cornflakes

ema-cornflakes

flour

fulawa

croissant

ema-croissant

bread roll

sinkhwa

bread

sinkhwa

toast

linkhwa lesithosiwe

biscuits

emabhisikidi

butter

bhotela

curd

i-curd

cake

likhekhe

egg

emacandza

fried egg

emacandza lafulayiwe

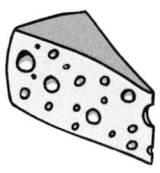

cheese

ishizi

food - kudla

ice cream
i-ice cream

sugar
shukela

honey
luju

jam
jamu

chocolate spread
shokolethi

curry
ikheri

food - kudla

farm
lipulazi

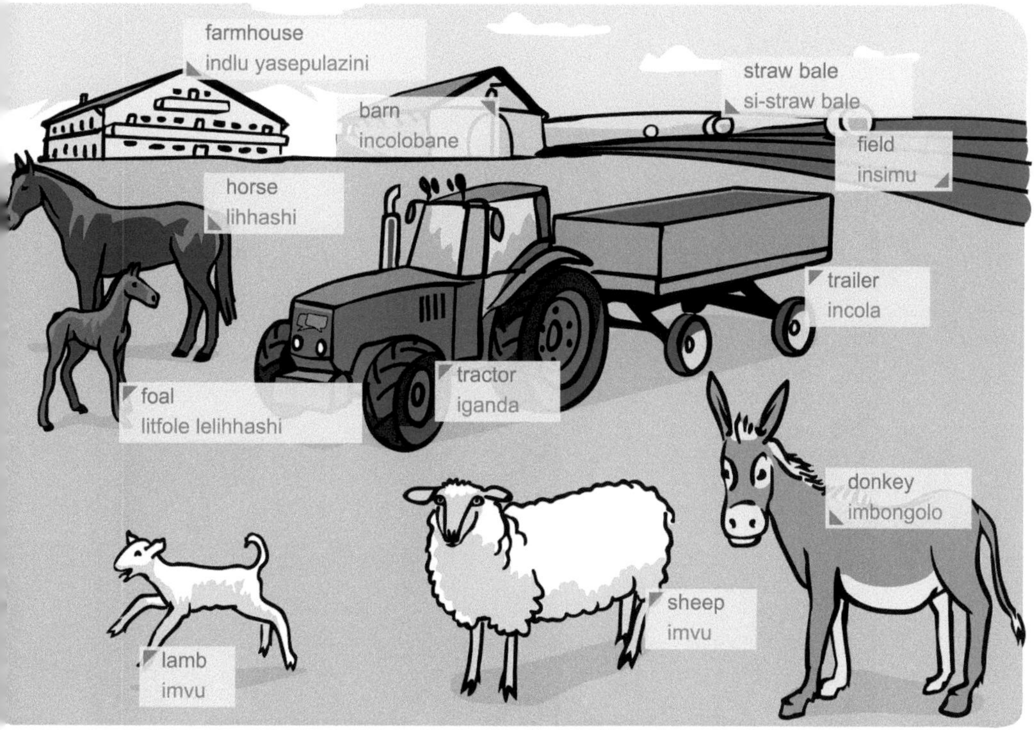

farmhouse — indlu yasepulazini
barn — incolobane
straw bale — si-straw bale
field — insimu
horse — lihhashi
trailer — incola
foal — litfole lelihhashi
tractor — iganda
donkey — imbongolo
sheep — imvu
lamb — imvu

goat
imbuti

cow
inkhomo

calf
litfole

pig
ingulube

piglet
ingulutjana

bull
inkhunzi

goose
lihansi

duck
lidada

chick
lintjwele

hen
sikhukhukati

cock
lichudze

rat
ligundvwane

cat
likati

mouse
ligundvwane lelincane

ox
inkhunzi

dog
inja

doghouse
indlu yenja

garden hose
liphayiphi lemanti asengadzini

watering can
libhakede lemanti

scythe
i-scythe

plough
likhuba leganda

farm - lipulazi

sickle
lisikela

hoe
likhuba

pitchfork
imfologo yetjani

axe
lizembe

wheelbarrow
libhala

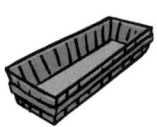
trough
litrofula

milk can
iromkani

sack
lisaka

fence
ifenisi

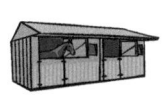
stable
sitebele

greenhouse
indlu leluhlata

soil
umhlabatsi

seed
imbewu

fertilizer
sivundzisi

combine harvester
bavuni

farm - lipulazi

harvest
vuna

harvest
sivuno

yams
i-yams

wheat
likhula

soy
isoyi

potato
lizambane

corn
sibhuluja sembila

rapeseed
i-rapeseed

fruit tree
sihlahla setitselo

cassava
bhatata

cereals
ema-cereals

farm - lipulazi

house
indlu

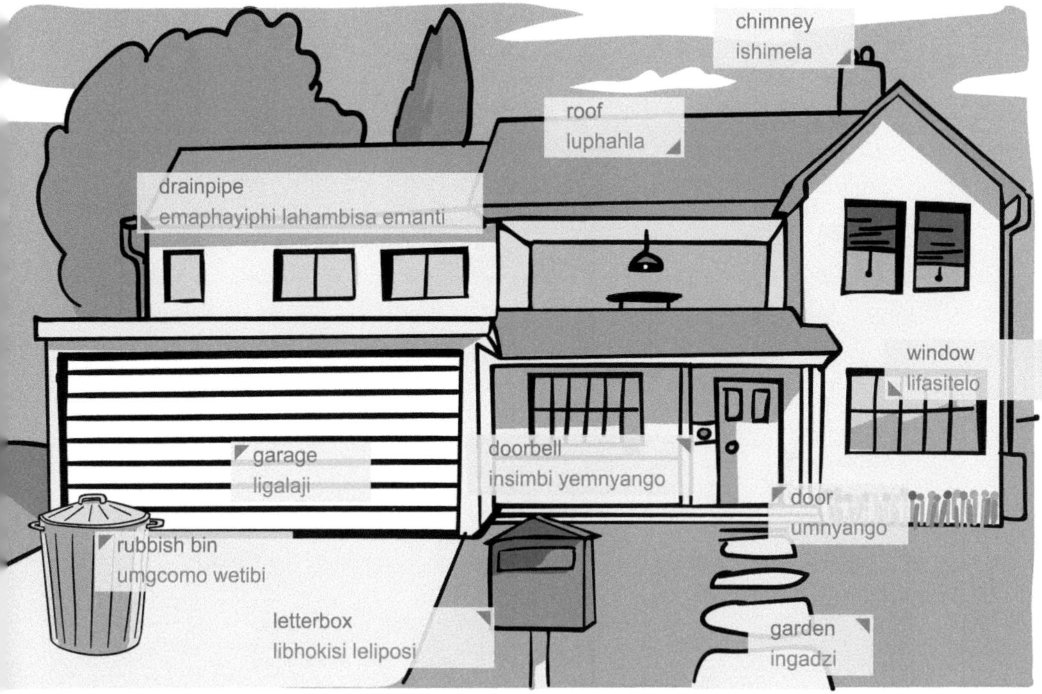

- chimney — ishimela
- roof — luphahla
- drainpipe — emaphayiphi lahambisa emanti
- window — lifasitelo
- garage — ligalaji
- doorbell — insimbi yemnyango
- door — umnyango
- rubbish bin — umgcomo wetibi
- letterbox — libhokisi leliposi
- garden — ingadzi

living room
indzawo yamabonakudze

bathroom
likamelo lekugezela

kitchen
likhishi

bedroom
likamelo

child's room
likamelo lemntfwana

dining room
ligumbu lekudlela

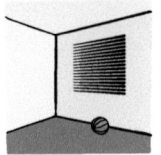	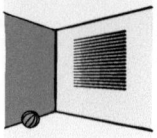	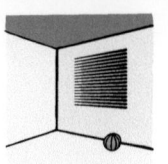
floor siyilo	wall lubondza	ceiling isilingi

cellar i-cellar	sauna i-sauna	balcony umpheme
	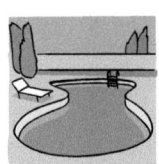	
terrace libala	pool lidamu lekududa	lawn mower umshini wetjani
		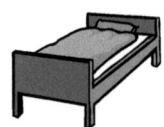
sheet lishidi	bedspread ibhedspredi	bed umbhedze

broom umshanelo	bucket libhakede	switch iswishi

living room
indzawo yamabonakudze

- wallpaper — i-wallpaper
- picture — sitfombe
- lamp — sibane
- shelf — lishelufa
- cupboard — likhabethe
- fireplace — likahela
- television — mabonakudze
- flower — imbali
- cushion — ikhushini
- vase — ivasi
- sofa — sofa
- remote control — irimothi

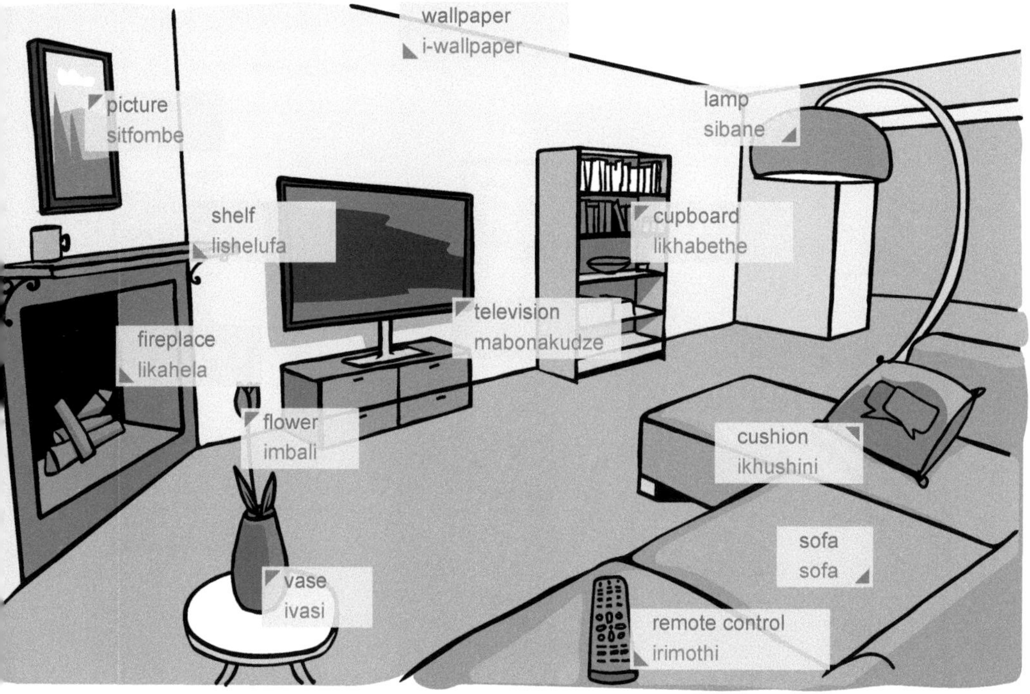

carpet
imadi yendlu

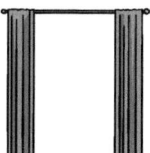

curtain
likhetheni

table
litafula

chair
situlo

rocking chair
situlo sangephandle

armchair
situlosemikhono

living room - indzawo yamabonakudze

book
incwadzi

blanket
ingubo

decoration
umhlobiso

firewood
tinkhuni tekubasa

film
lifilimu

hi-fi equipment
igumbagumba

key
tikhiya

newspaper
liphephandzaba

painting
pende

poster
likhadi laselubondzeni

radio
iwayilensi

notepad
kwekutsa emaphuzu

hoover
i-hoover

cactus
sitjalo lokutsiwa yi-cactus

candle
likhandlela

living room - indzawo yamabonakudze

kitchen
likhishi

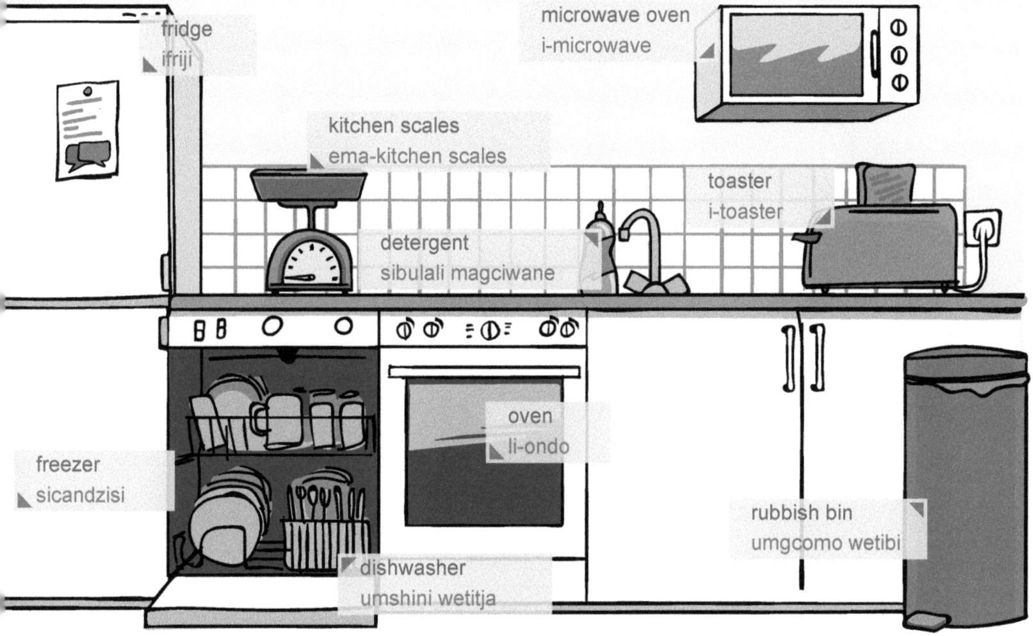

- microwave oven / i-microwave
- fridge / ifriji
- kitchen scales / ema-kitchen scales
- toaster / i-toaster
- detergent / sibulali magciwane
- oven / li-ondo
- freezer / sicandzisi
- rubbish bin / umgcomo wetibi
- dishwasher / umshini wetitja

cooker
umpheki

pot
libhodvo

cast-iron pot
i-cast-iron pot

wok / kadai
i-wok /kadai

pan
lipani

kettle
ligedlela

kitchen - likhishi 35

steamer

i-steamer

baking tray

lipani lekubhaka

crockery

i-crockery

mug

imagi

bowl

indishi

chopsticks

tindvukwana tekujuba

ladle

i-landle

spatula

si-spatula

whisk

i-whisk

strainer

i-strainer

sieve

i-sieve

grater

i-grater

mortar

i-mortar

barbecue

i-barbecue

open fire

umlilo lovulekile

kitchen - likhishi

chopping board

libhodi lekujuba kudla

rolling pin

i-rolling pin

corkscrew

i-corkscrew

can

likani

can opener

lithulusi lekuvala likani

pot holder

intfo yekubeka emabhodvo

sink

izinki

brush

libhulashi

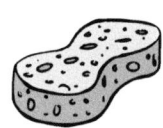

sponge

sipontji

blender

i-blender

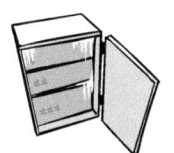

deep freezer

i-deep freezer

baby bottle

libhodlela lemntfwana

tap

impompi

kitchen - likhishi

bathroom
likamelo lekugezela

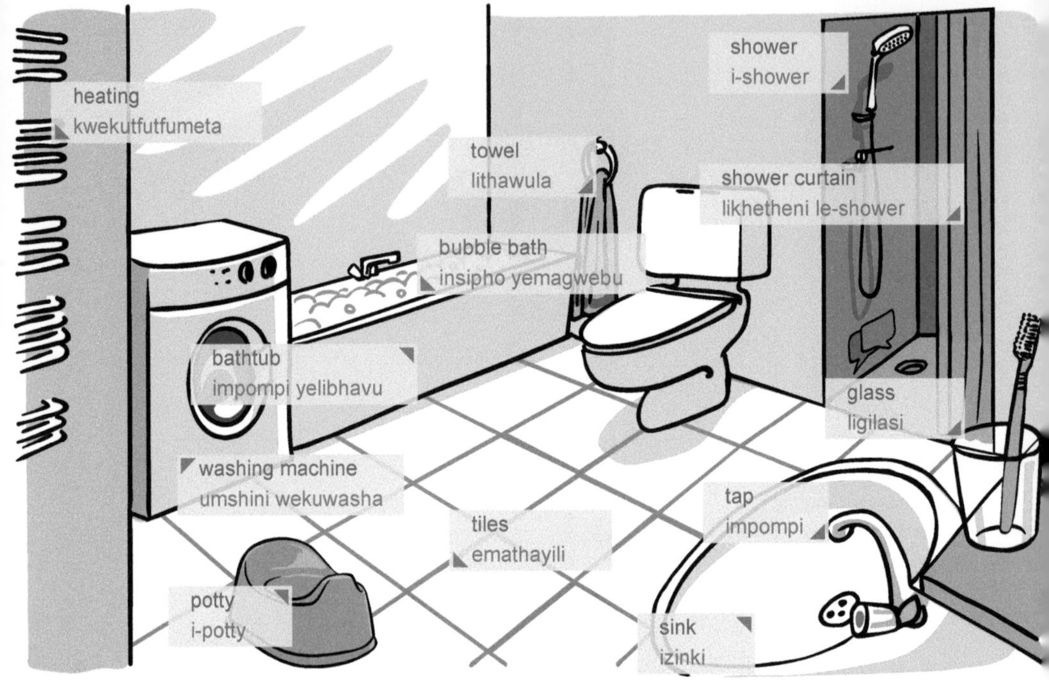

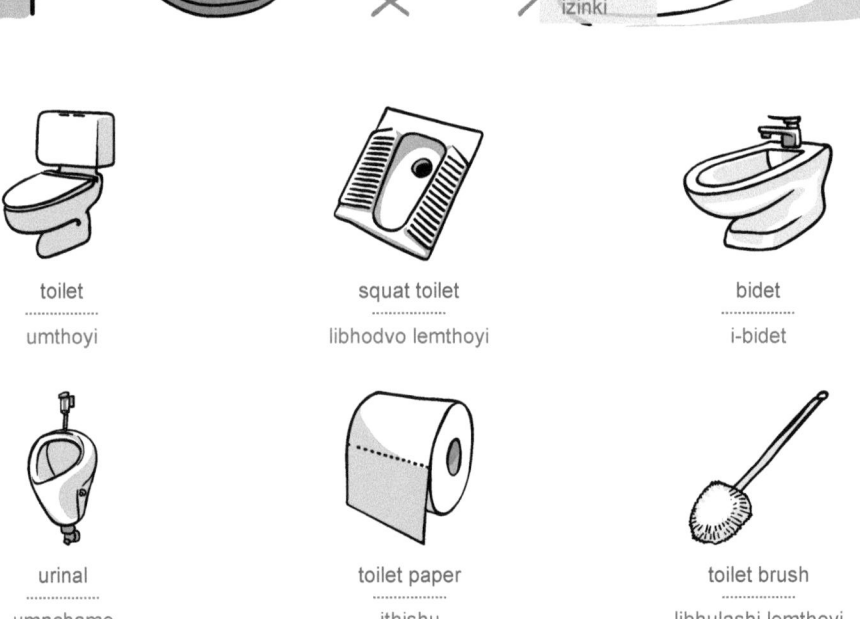

- heating — kwekutfutfumeta
- shower — i-shower
- towel — lithawula
- shower curtain — likhetheni le-shower
- bubble bath — insipho yemagwebu
- bathtub — impompi yelibhavu
- glass — ligilasi
- washing machine — umshini wekuwasha
- tap — impompi
- tiles — emathayili
- potty — i-potty
- sink — izinki

toilet
umthoyi

squat toilet
libhodvo lemthoyi

bidet
i-bidet

urinal
umnchamo

toilet paper
ithishu

toilet brush
libhulashi lemthoyi

toothbrush
libhulashi lematinyo

toothpaste
insipho yematinyo

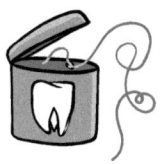
dental floss
intsambo yekuhlanta ematinyo

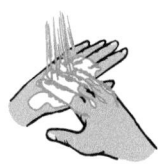
wash
washa

handheld shower
liphayiphu le-shower lelibanjwa ngetandla

douche
i-douche

basin
i-basin

back brush
libhulashi lemgogodla

soap
insipho lecinile

shower gel
i-gel ye-shower

shampoo
insipho yemagwebu

flannel
i-flannel

drain
kwekuhambisa emanti

cream
i-cream

deodorant
emakha emakhwapha

bathroom - likamelo lekugezela

mirror
sibuko

hand mirror
sibuko lesincane

razor
i-razor

shaving foam
emagwebu ekushefa

aftershave
kwegcobisa ngemuva kwekushefa

comb
i-comb

brush
libhulashi

hair dryer
kwekomisa tinwele

hairspray
kwekufutsa tinwele

makeup
kwekutimomonya

lipstick
i-lipstick

nail varnish
pende wetingalo

cotton wool
i-cotton wool

nail scissors
sikelo setingalo

perfume
emakha

bathroom - likamelo lekugezela

washbag	stool	weighing scale
sikhwama setintfo tekugeza	situlo	sikali sesisindvo

bathrobe	rubber gloves	tampon
kwekugcoka nawugeza	emagilavu e-rubber	i-tampon

sanitary towel	chemical toilet
lithawula lekuhlanta	imitsi yekukolobha umthoyi

child's room
likamelo lemntfwana

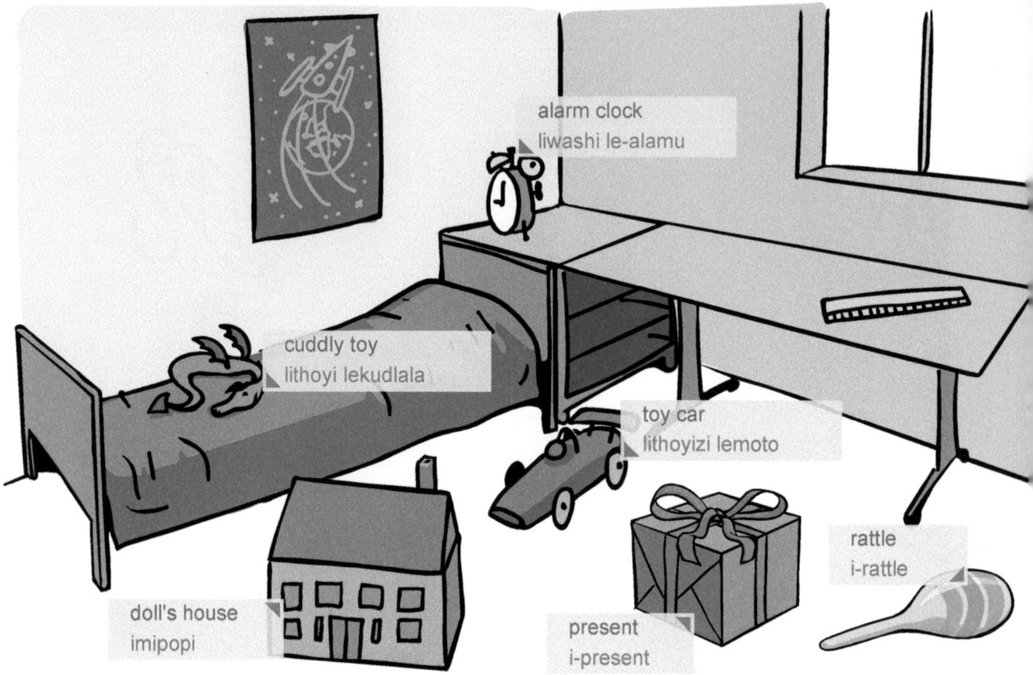

alarm clock
liwashi le-alamu

cuddly toy
lithoyi lekudlala

toy car
lithoyizi lemoto

doll's house
imipopi

present
i-present

rattle
i-rattle

balloon
ibhaluni

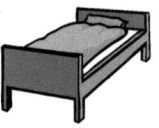

bed
umbhedze

pram
ipram

deck of cards
emakhadi ekudlala

jigsaw
i-jigsaw

comic
i-comic

lego bricks
emabloko e-lego

building blocks
emabloko ekwakha

action figure
i-actionfigure

babygrow
kukhula kwemntfwana

frisbee
i-frisbee

mobile
i-mobile

board game
ibhodi yemdlalo

dice
lidayisi

model train set
isethi yemathoyizi etitimela

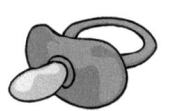

dummy
i-dummy

party
i-party

picture book
incwadzi yetitfombe

ball
ibhola

doll
nodoli

play
dlala

child's room - likamelo lemntfwana

sandpit

umgodzi wemhlabatsi

swing

umjikeli

toys

emathoyizi

video game console

umshini wemdlalo wema-video

tricycle

masondvontsatfu

teddy bear

umdoli welibhele

wardrobe

ihhodrobhu

clothing
timphahla tekugcoka

socks

emakawosi

stockings

ema-stockings

tights

umtjopi

clothing - timphahla tekugcoka

body
umtimba

trousers
emabhuluko

jeans
ibhokathi

skirt
sikedi

blouse
liblawosi

shirt
liyembe

pullover
i-pullover

hoodie
i-hoodie

blazer
libhantji

jacket
silamba

coat
lijazi

raincoat
lijazi lemvula

costume
i-costume

dress
lilogo

wedding dress
likogo lemshado

clothing - timphahla tekugcoka

suit
isudi

nightgown
i-gown yasebusuku

pyjamas
emabhijamu

sari
i-sari

headscarf
sikafu

turban
i-turban

burqa
i-burqa

kaftan
i-kaftan

abaya
i-abaya

swimsuit
timphahla tekududa

trunks
ema-anda

shorts
emabhuluko lamafishane

tracksuit
i-treksudi

apron
liphinifa

gloves
emaglavu

clothing - timphahla tekugcoka 47

button
inkinobho

glasses
tibuko

bracelet
buhlalu

necklace
umgaco

ring
indandatho

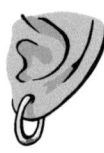

earring
emacici

cap
likepisi

coat hanger
i-hanger yelijazi

hat
sigcoko

tie
thayi

zip
iziphu

helmet
sivikelo senhloko

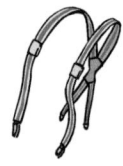

braces
kwekusekela sitfo semtimba

school uniform
timphahla tesikolwa

uniform
inyunifomu

clothing - timphahla tekugcoka

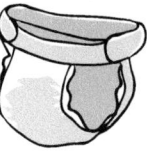

bib	dummy	nappy
i-bib	i-dummy	linabukeli

office
lihhovisi

- server — i-server
- filing cabinet — likhabethe lemafayela
- printer — i-printer
- monitor — i-monitor
- paper — liphepha
- desk — lideski
- mouse — i-mouse
- folder — intfo yekugoca
- keyboard — i-keyboard
- waste-paper basket — libhakede lekulahla emaphepha
- computer — ngconomshina
- chair — situlo

coffee mug	calculator	internet
likomishi lelikofi	i-calculator	i-inthanethi

laptop
i-laptop

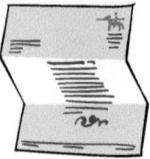
letter
incwadzi

message
umlayeto

mobile
i-mobile

network
i-network

photocopier
umshini wekwenta emakhophi

software
i-software

telephone
lucingo

plug socket
liplaliki lagesi

fax machine
umshini wekufeksa

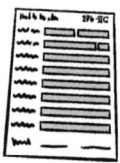
form
lifomu

document
liphepha

economy
umnotfo

buy
tsenga

pay
bhadala

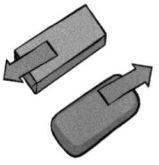
trade
beka imali

money
imali

dollar
li-dollar

euro
li-euro

yen
li-yen

rouble
li-rouble

Swiss franc
i-Swiss franc

renminbi yuan
i-renminbi yuan

rupee
i-rupee

cashpoint
umshini wemali

bureau de change
i-bureau de change

gold
ligolide

silver
lisiliva

oil
woyela

energy
emandla

price
linani

contract
sivumelwano

tax
umtselo

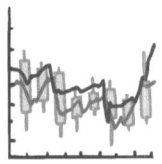

stock
sitoko

work
sebenta

employee
sisebenti

employer
umcashi

factory
ifemu

shop
sitolo

occupations
tikhundla

police officer
liphoyisa

fireman
umcimimlilo

cook
umpheki

doctor
dokotela

pilot
umshayeli wetindiza

gardener
losebenta engadzini

carpenter
ummbati

seamstress
umtfungi

judge
mehluleli

chemist
khemisi

actor
umlingisi

bus driver	taxi driver	fisherman
umshayeli webhasi	umshayeli wekhumbi	umdvobi

cleaning lady	roofer	waiter
limedi	umfuleli	waiter

hunter	painter	baker
umtingeli	mapendani	umbhaki

electrician	builder	engineer
gesana	meselane	sonjiniyela

butcher	plumber	postman
umtsengisi wenyama	somaphayiphi	lohambisa liposi

soldier
lisotja

architect
umdvwebi wemapulani

cashier
umtsengisi

florist
umtsengisi wetimbali

hairdresser
losebenta ngetinwele

conductor
umbhidisi

mechanic
mekhenikha

captain
kaputeni

dentist
dokotela wematinyo

scientist
sosayensi

rabbi
rabi

imam
imam

monk
monk

clergyman
umfundisi

occupations - tikhundla

tools
emathulusi

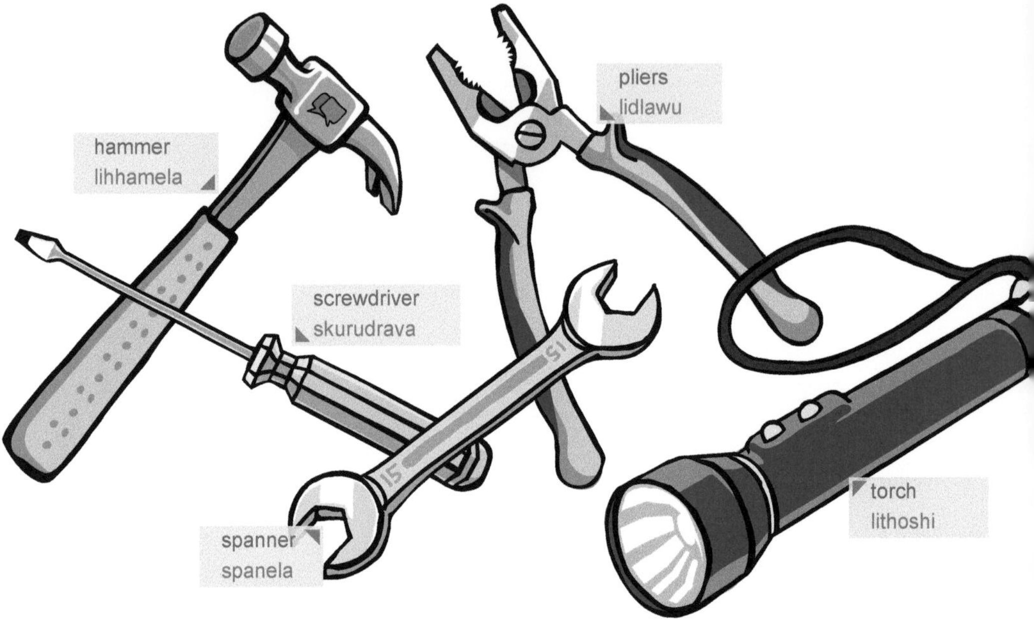

hammer
lihhamela

pliers
lidlawu

screwdriver
skurudrava

spanner
spanela

torch
lithoshi

digger
lifosholo

toolbox
libhokisi lemathulusi

ladder
lilele

saw
lisaha

nails
tipikili

drill
umshini wekwenta timbobo

repair
lungisa

shovel
lifosholo

Damn!
i-Damni!

dustpan
lipani lekuwola tibi

paint pot
likani lapende

screws
tikruzi

musical instruments
insimbi yemculo

loudspeaker
sipika lesikhulu

drum kit
ikhithi yemadramu

guitar
lugitali

double bass
lugitali lolukhulu

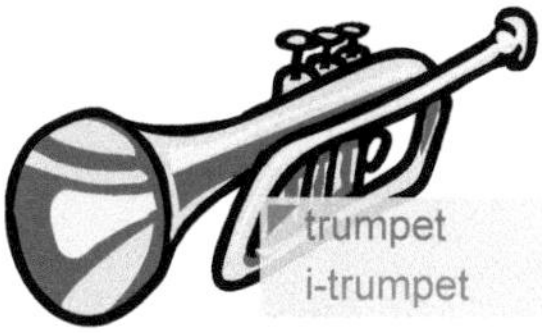

trumpet
i-trumpet

piano

i-piano

violin

ivayolini

bass

ibhesi

timpani

i-timpani

drums

emadramu

keyboard

i-keyboard

saxophone

i-saxohone

flute

ifluthi

microphone

umbhobho

musical instruments - insimbi yemculo

zoo
i-zoo

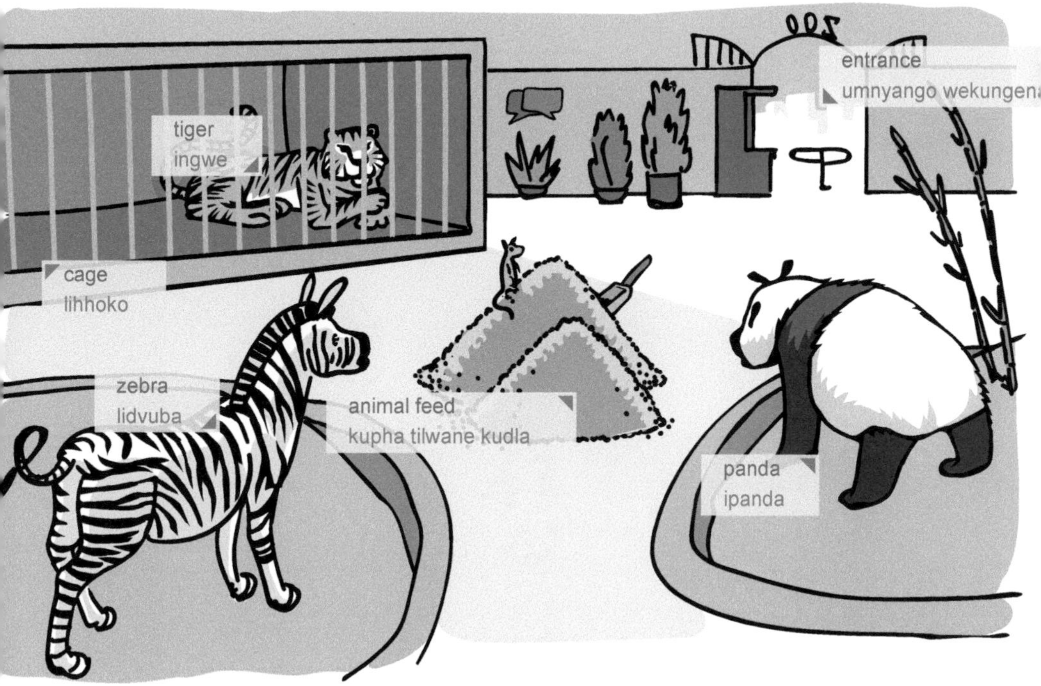

- entrance / umnyango wekungena
- tiger / ingwe
- cage / lihhoko
- zebra / lidvuba
- animal feed / kupha tilwane kudla
- panda / ipanda

animals
tilwane

elephant
indlovu

kangaroo
ikangaru

rhino
bhejane

gorilla
igorila

bear
libhele

camel
likamela

ostrich
i-ostrishi

lion
libhubesi

monkey
imfene

flamingo
i-flamingo

parrot
iparoti

polar bear
libhele

penguin
iphejini

shark
shaka

peacock
iphigogo

snake
inyoka

crocodile
ingwenya

zookeeper
umgcini tilwane

seal
isili

jaguar
i-jaguar

zoo - i-zoo

pony
poni

leopard
ingwe

hippo
imvubu

giraffe
indlulamitsi

eagle
lusweti

boar
ingulube yesiganga

fish
imfishi

turtle
lifundvu

walrus
i-warasi

fox
jakalazi

gazelle
inyamatane

sports
temidlalo

activities
imisebenti

jump — gcuma
laugh — hleka
hug — gona
walk — hamba
sing — hlabela
dream — liphupho
pray — thantaza
kiss — cabuza

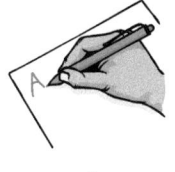

write
bhala

draw
tsatsa

show
khombisa

push
fuca

give
nika

take
tsatsa

 have — tsatsa	 do — yenta	 be — be
 stand — sukuma	 run — gijima	 pull — dvonsa
 throw — jika	 fall — wani	 lie — cala emanga
 wait — mani	 carry — tsatsa	 sit — hlala
 get dressed — yembatsa	 sleep — lala	 wake up — vuka

activities - imisebenti

look at
buka

cry
khala

stroke
shaya

comb
kama

talk
khuluma

understand
condza

ask
buta

listen
lalela

drink
natsa

eat
dlani

tidy up
gcogca

love
tsandza

cook
pheka

drive
shayela

fly
ndiza

activities - imisebenti

sail
ntjuza

calculate
bala

read
fundza

learn
fundza

work
sebenta

marry
shada

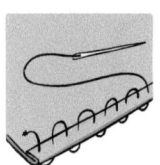
sew
tfunga

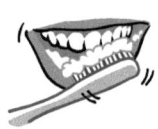
brush teeth
kugeza ematinyo

kill
bulala

smoke
bhema

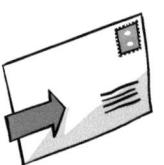
send
tfumela

activities - imisebenti

family
umndeni

- grandmother — gogo
- grandfather — mkhulu
- father — babe
- mother — make
- baby — umntfwana
- daughter — indvodzakati
- son — indvodzana

guest
sivakashi

aunt
anti

uncle
malume

brother
umnaketfu

sister
sisi

family - umndeni

body
umtimba

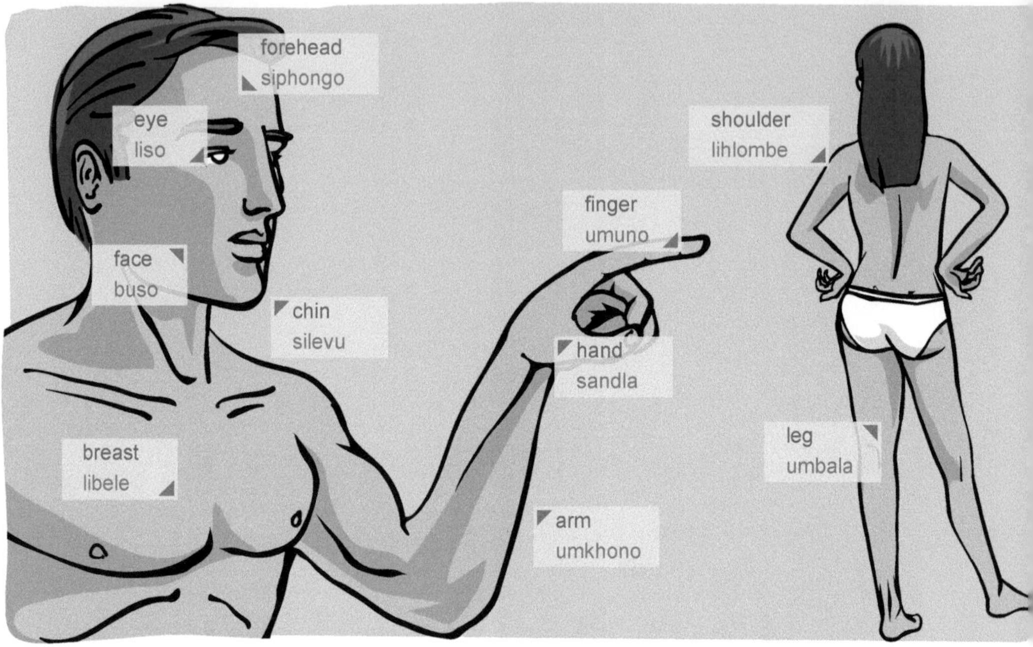

- forehead — siphongo
- eye — liso
- face — buso
- breast — libele
- chin — silevu
- finger — umuno
- hand — sandla
- arm — umkhono
- shoulder — lihlombe
- leg — umbala

baby
umntfwana

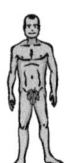

man
indvodza

woman
umfati

girl
intfombatane

boy
umfana

head
inhloko

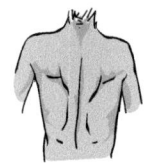

back
emuva

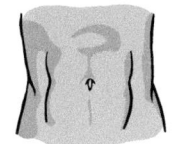

belly
umkhatjana

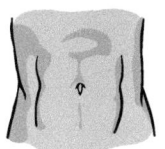

belly button
sibhono

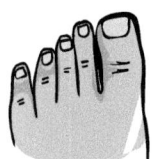

toe
luzwane

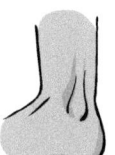

heel
sitsendze

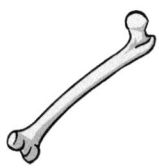

bone
litsambo

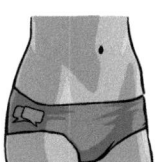

hip
litsanga

knee
lidvolo

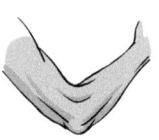

elbow
ingcosa

nose
imphumulo

bottom
entansi

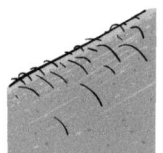

skin
sikhumba

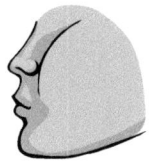

cheek
sihlatsi

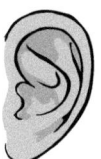

ear
indlebe

lip
indzebe

body - umtimba

	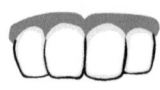	
mouth umlomo	tooth litinyo	tongue lilimi
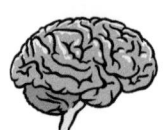	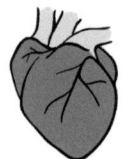	
brain bucopho	heart inhlitiyo	muscle umsipha
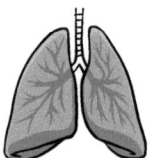		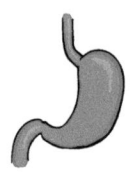
lung liphaphu	liver sibindzi	stomach sisu
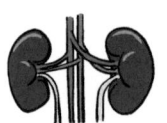		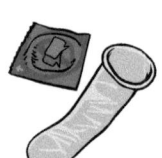
kidneys tinso	sex kulalana	condom lijazi lemkhwenyana
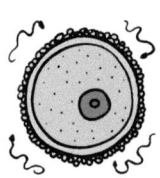		
ovum licandza lentalo	semen sidvodza	pregnancy kukhulelwa

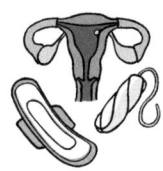
menstruation
kuya esikhatsini

vagina
ligolo

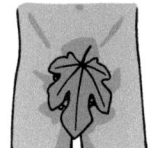
penis
umpipi

eyebrow
inkhophe

hair
lunwele

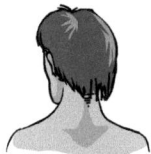
neck
intsamo

hospital
sibhedlela

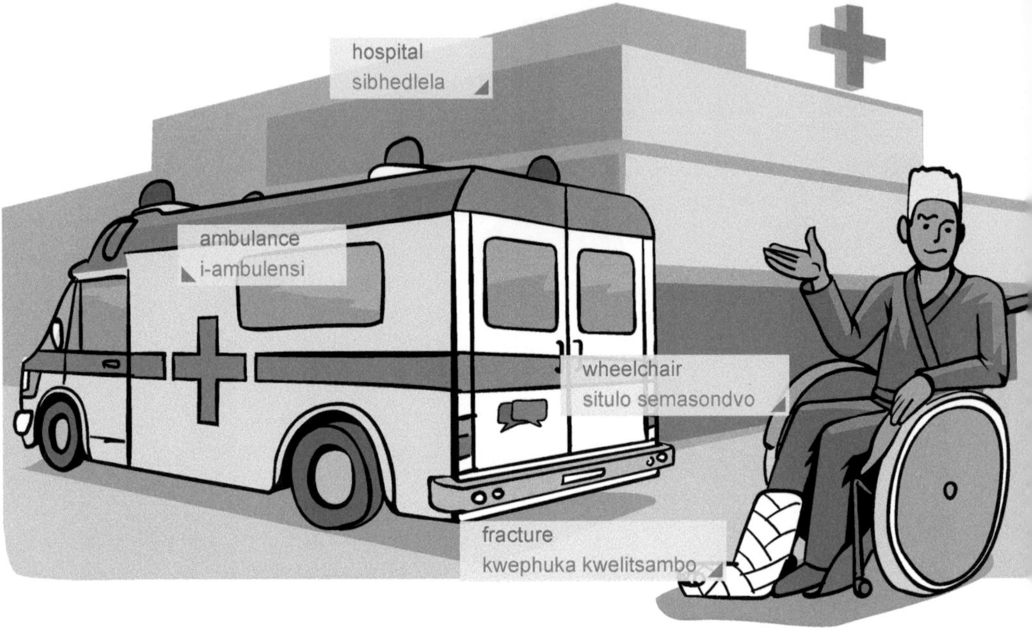

hospital — sibhedlela
ambulance — i-ambulensi
wheelchair — situlo semasondvo
fracture — kwephuka kwelitsambo

doctor
dokotela

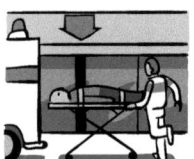
emergency room
ligumbi letimo letiphutfumako

nurse
nesi

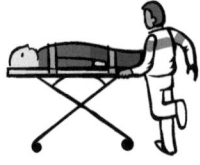
emergency
simo lesiphutfumako

unconscious
kucaleka

pain
buhlungu

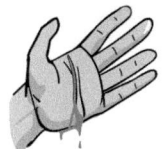	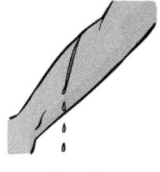	
injury	bleeding	heart attack
kulimala	kopha	kuhlaselwa sifo senhlitiyo

stroke	allergy	cough
kufa luhlangotsi	i-aleji	kukhwehlela

fever	flu	diarrhoea
kushisa	umkhuhlane	kusheka
		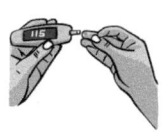
headache	cancer	diabetes
kubulawa yinhloko	umdlavuza	kuba nashukela
	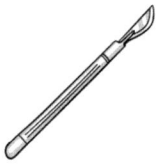	
surgeon	scalpel	operation
dokotela	umukhwa wekusika wabodokotela	kusikwa

hospital - sibhedlela

CT
i-CT

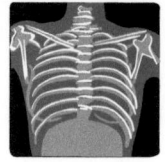
x-ray
i-x ray

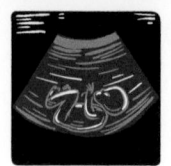
ultrasound
umsindvo

face mask
sifonyo

disease
sifo

waiting room
ligumbi lekulindza

crutch
indvuku yekuhamba

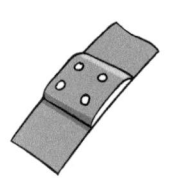
plaster
i-plaster

bandage
ibhandishi

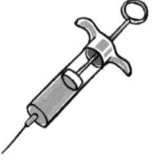
injection
umjovo

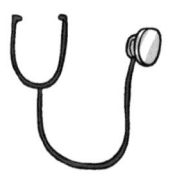
stethoscope
lithulusi labodokotela lekulalela inhlitiyo

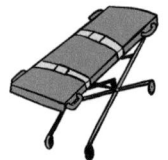
stretcher
luhlaka

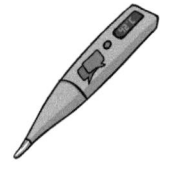
clinical thermometer
kwekuhlola lizinga lemuntfu lekushisa

birth
kutalwa

overweight
kunona kakhulu

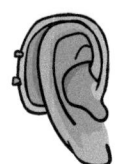

hearing aid

tinsita tekuva etindlebeni

disinfectant

sibulali magciwane

infection

kwesuleleka ngesifo

virus

ligciwane

HIV / AIDS

i-HIV / AIDS

medicine

umutsi

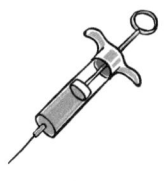

vaccination

kugoma

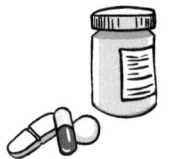

tablets

emaphilisi

pill

liphilisi

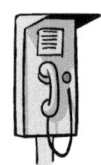

emergency call

lucingo loluphutfumako

blood pressure monitor

sicaphi semfutfo wengati

ill / healthy

gula / umcemane

hospital - sibhedlela

emergency
simo lesiphutfumako

Help!
Lusito!

alarm
i-alamu

assault
kuhlukumeta

attack
kuhlasela

danger
ingoti

emergency exit
umnyango wekuphuma nakuphutfuma

Fire!
Umlilo

fire extinguisher
sicishamlilo

accident
ingoti

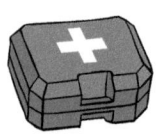

first-aid kit
ikhidi yelusito lwekucala

SOS
SOS

police
emaphoyisa

Earth
Umhlaba

Europe
i-Europe

North America
iNyakatfo YeMelika

South America
iNingizimu YeMelika

Africa
i-Afrika

Asia
i-Asia

Australia
i-Australia

Atlantic
i-Atlantic

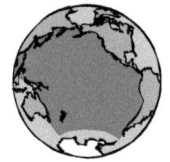

Pacific
i-Pacific

Indian Ocean
i-Idian Ocean

Antarctic Ocean
i-Antarctic Ocean

Arctic Ocean
i-Arctic Ocean

North Pole
Ligumbi laseNyakatfo

South Pole
Ligumbi laseNingizimu

Antarctica
iAntarctica

Earth
Umhlaba

land
indzawo

sea
lwandle

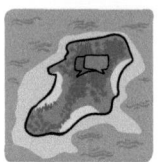
island
sichingi

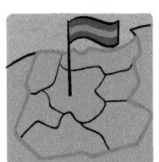
nation
sive

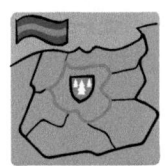
state
umbuso

clock
liwashi

clock face

buso beliwashi

hour hand

li-awa

minute hand

imizuzu

second hand

imizuzwana

What time is it?

sikhatsi sini nyalo?

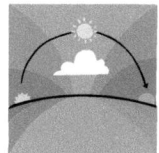

day

lusuku

time

sikhatsi

now

nyalo

digital watch

liwashi lesimanjemanje

minute

umzuzu

hour

li-awa

clock - liwashi

week
liviki

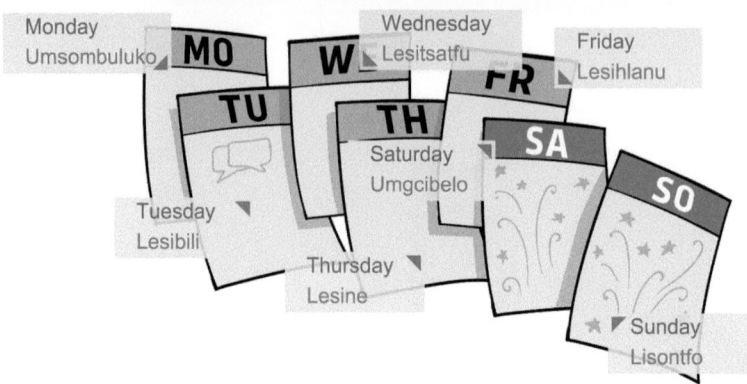

yesterday
itolo

today
lamuhla

tomorrow
kusasa

morning
ekuseni

noon
emini

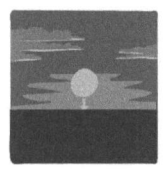

evening
entsambama

business days
emalanga emsebenti

weekend
imphelasontfo

year

umnyaka

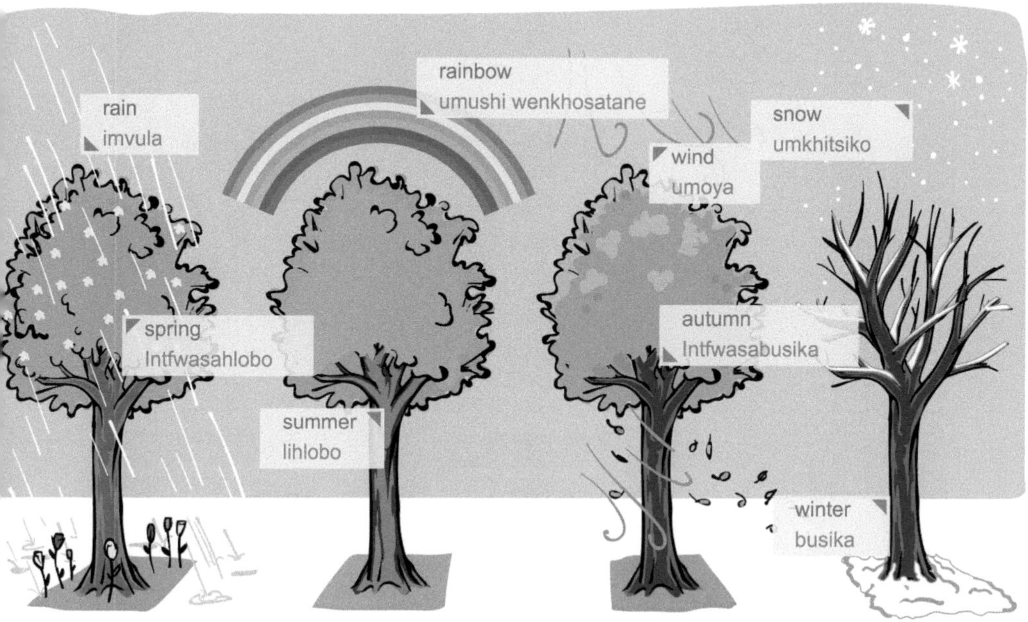

rain
imvula
rainbow
umushi wenkhosatane
snow
umkhitsiko
wind
umoya
spring
Intfwasahlobo
autumn
Intfwasabusika
summer
lihlobo
winter
busika

4.APRIL	11°	
5.APRIL	4°	
6.APRIL	13°	
7.APRIL	8°	
8.APRIL	10°	

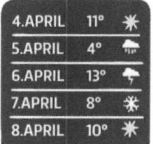

weather forecast

simo selitulo

F
C
120
90
60
30
0
-30
40
30
20
10
0
-10
-20

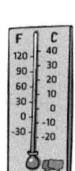

thermometer

kwekuhlola lizinga lekushisa

sunshine

kubalela

cloud

emafu

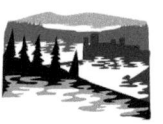

fog

inkhungu

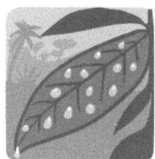

humidity

umswakamo

lightning
umbane

thunder
umbane

storm
kudvuma lobunebungoti

hail
sangcotfo

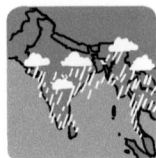

monsoon
inyeti

flood
tikhukhula

ice
lichwa

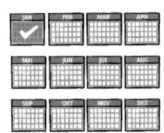

January
Bhimbidvwane

February
Indlovana

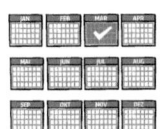

March
Indlovulenkhulu

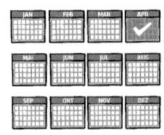

April
Mabasa

May
Inkhwenkhweti

June
Inhlaba

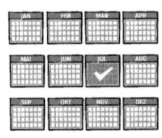

July
Kholwane

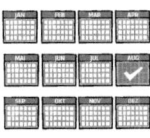

August
Ingci

year - umnyaka

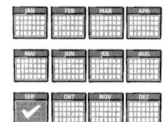
September
Inyoni

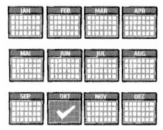
October
Imphala

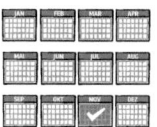
November
Lweti

December
Ingongoni

shapes
kubumbeka kwetintfo

circle
indingiliza

square
sikwele

rectangle
umdvwebo lonetinhlangotsi letindze letilinganako

triangle
ncantsatfu

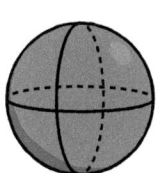
sphere
i-sphere

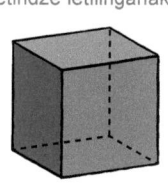
cube
ikhiyubhu

colours
imibala

white
kumhlophe

yellow
phuti

orange
sheli

pink
kupinki

red
kubovu

purple
kunsomi

blue
luhlata

green
luhlata njengetjani

brown
loku-brown

grey
mtfubi

black
mnyama

opposites
lokwehlukile

a lot / a little
kunyenti / kuncane

angry / calm
kutfukutsela / kwehlisa umoya

beautiful / ugly
buhle / bubi

beginning / end
sicalo / siphetfo

big / small
bukhulu / buncane

bright / dark
kukhanya / bumnyama

brother / sister
bhuti / sisi

clean / dirty
kuhloba / kungcola

complete / incomplete
kuphelela / kungapheleli

day / night
imi / busuku

dead / alive
kufa / kuphila

wide / narrow
kubanti / kuncane

edible / inedible

lokudliwako / lokungadliwa

evil / kind

inhlitiyo lembi / umusa

excited / bored

kutsakasa / kudvumala

fat / thin

sidudla / umcondvo

first / last

kwekucala / kwekugcina

friend / enemy

umngani / sitsa

full / empty

kugcwala / kute lutfo

hard / soft

kucina / kutsamba

heavy / light

kusindza / kulula

hunger / thirst

kulamba / koma

ill / healthy

gula / umcemane

illegal / legal

kungabi semtsetfweni / kuba semtsetfweni

intelligent / stupid

kuhlakanipha / bulima

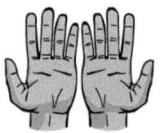

left / right

sencele / sekudla

near / far

dvutane / khashane

opposites - lokwehlukile

new / used
lokusha / lokudzala

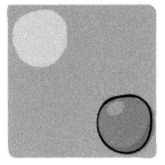
nothing / something
kute lutfo / kunalokutsite

old / young
budzala / busha

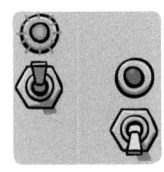
on / off
kuyasebenta / akusebenti

open / closed
kuvulekile / kuvalekile

quiet / loud
kuthula / umsindvo

rich / poor
kunjinga / kuphuya

right / wrong
kulungile / akukalungi

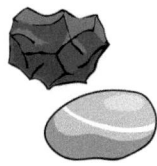
rough / smooth
kuyahhedla / kuyashelela

sad / happy
kuva buhlungu / kujabula

short / long
kufishane / kudze

slow / fast
kunwabuka / kushesha

wet / dry
kumanti / komile

warm / cool
kufutfumele / kusivuvu

war / peace
imphi / kuthula

opposites - lokwehlukile

numbers
tinombolo

0 zero — indilinga

1 one — kunye

2 two — kubili

3 three — kutsatfu

4 four — kune

5 five — sihlanu

6 six — sitfupha

7 seven — sikhombisa

8 eight — siphohlongo

9 nine — yimfica

10 ten — lishumi

11 eleven — lishumi nakunye

12
twelve
lishumi nakubili

13
thirteen
lishumi nakutsatfu

14
fourteen
lishumi nakune

15
fifteen
lishumi nesihlanu

16
sixteen
lishumi nesitfupha

17
seventeen
lishumi nesikhombisa

18
eighteen
lishumi nesiphohlongo

19
nineteen
lishumi nemfica

20
twenty
emashumi lamabili

100
hundred
likhulu

1.000
thousand
inkhulungwane

1.000.000
million
sigidzi

languages
tilwimi

English
Singisi

American English
Singisi saseMelika

Chinese Mandarin
SiMandarini seseShayina

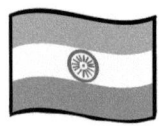

Hindi
SiHindi

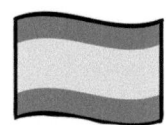

Spanish
Sipanishi

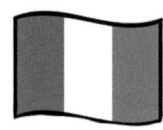

French
SiFulentji

Arabic
Si-Arabu

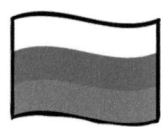

Russian
SiRashiya

Portuguese
SiPhuthukezi

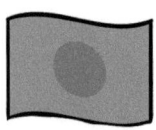

Bengali
SiBhengali

German
SiJalimane

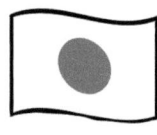

Japanese
SiJapane

who / what / how
ngubani / ini / njani

I
Mine

you
wena

he / she / it
yena / yona

we
tsine

you
nine

they
bona

who?
bani?

what?
ini?

how?
njani?

where?
kuphi?

when?
nini?

name
libito

where
kuphi

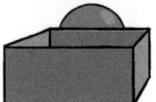

behind
ngemuva

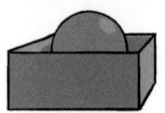

in
ekhatsi

in front of
embi kwe

over
ngenhla

on
etulu

under
ngephansi

beside
eceleni

between
emkhatsini

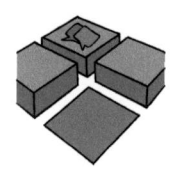

place
indzawo